LES MONTÉNÉGRINS,

OPÉRA-COMIQUE EN TROIS ACTES,

PAROLES DE MM. E. ALBOIZE ET GÉRARD,

MUSIQUE DE M. LIMNANDER,

Mise en scène de M. HENRI.

REPRÉSENTÉ POUR LA PREMIÈRE FOIS, A PARIS, SUR LE THÉATRE NATIONAL
DE L'OPÉRA-COMIQUE, LE 31 MARS 1849.

DISTRIBUTION DE LA PIÈCE.

Personnages.	Acteurs.
ZISKA, barde Monténégrin.....................	MM. HERMANN-LÉON.
ANDRÉAS, chef Monténégrin....................	BELLECOURT.
SERGIS, capitaine de l'armée française...........	BAUCHE.
FOLIQUET, soldat, attaché au service de Sergis......	SAINTE-FOY.
ROGER, brigadier	NATHAN.
BÉATRIX, fille adoptive de Ziska...............	Mesd. UGALDE.
RÉGINA, Monténégrine..................... ...	LEMERCIER.
DEUX MONTÉNÉGRINS PARLANTS.	
MONTÉNÉGRINS, MONTÉNÉGRINES.	
OFFICIERS et SOLDATS FRANÇAIS.	

La scène se passe au Monténégro, en 1807.

Nota. — La mise en scène exacte de cet ouvrage, transcrite par
M. PALIANTI, fait partie des mises en scènes publiées par le journal *la
Revue et Gazette des Théâtres*, rue Sainte-Anne, 55.

ACTE I.

Une cour d'hôtellerie, plantée d'arbres. Des tables. Des chaises. Des bancs. Au fond une grande porte qui laisse voir la campagne. Montagnes. A droite et à gauche les bâtiments.

SCÈNE I.

ZISKA, ANDRÉAS, RÉGINA, ROGER, FOLIQUET. *Soldats et Monténégrins groupés et assis autour des tables : les Monténégrins boivent; les soldats français boivent et jouent. A droite du spectateur, Ziska, couché sur le devant du théâtre, fume et semble plongé dans ses réflexions ; sa guzla est à côté de lui. A gauche, Foliquet et Roger font une partie de piquet. Régina et d'autres femmes servent les soldats.*

CHOEUR DES MONTÉNÉGRINS.
Sous ces ombrages,
Buvons, buvons, buvons,
Tous les orages
'arrêtent sur ces monts.

FOLIQUET.
verre à moi !

ROGER.
Sers-nous une bouteille
e vin d'Alesberg qui répand la gaîté.
A cette treille
Il fut peut-être récolté.

LES MONTÉNÉGRINS.
Versons et mettons-nous à table

FOLIQUET.
Du vin ! du vin! aubergiste du diable !

ANDRÉAS, *paraissant une bouteille à la main et faisant un mouvement de colère.*
Que dit-il?

RÉGINA, *bas à Andréas.*
Andréas, calme-toi,
(*Prenant la bouteille et allant à Roger.*)
Le voici.

ROGER.
Sur cette main blanchette un baiser, et merci.

CHŒUR DES SOLDATS.

En tous lieux, nous vaincrons,
Amis, vive la guerre ;
Bientôt nous connaîtrons
Tous les vins de la terre.

CHŒUR DES MONTÉNÉGRINS.

Sous ces ombrages,
Buvons, buvons, buvons, etc.

(Deux heures sonnent.)

ROGER.

Deux heures ! il est temps de relever la garde.

*(Marche des soldats, qui prennent leurs armes, et sortent,
ainsi que Roger et Foliquet.)*

ANDRÉAS, *qui a fait signe à Régina de les suivre et de surveiller.*

Enfin, ils sont partis ! respirons librement :

(à Ziska.)

Debout, c'est le moment !
Lève-toi, notre barde,
Improvise à l'instant ces magiques refrains,
Chant sublime
Qui ranime
Les cœurs monténégrins.

ZISKA, *se levant et prenant sa guzla.*

PREMIER COUPLET.

Sur ces monts qui touchent le ciel
Dieu fit naître un peuple de braves,
Unis par un vœu fraternel,
Effroi des nations esclaves.
Gardons toujours cette âme noble et fière
Qui nous égale aux Romains, nos aïeux,
Car la croix sainte est sur notre bannière,
Et dans les cieux
Notre nom glorieux.

CHŒUR.

Car la croix sainte est sur notre bannière, etc.

ZISKA.

DEUXIÈME COUPLET.

Débris d'un empire oublié,
Aux vivants servons de modèle ;
Notre bras, frappant sans pitié,
Fut la terreur des infidèles.
La liberté, sur nos monts, toujours fière,
Est digne encore des jours de nos aïeux :

Car la croix sainte est sur notre bannière,
Et dans les cieux
Notre nom glorieux.

CHOEUR.

Car la croix sainte est notre bannière, etc.

RÉGINA.

Les voilà, taisez-vous !
C'est la garde !
Prenez garde !
Redoutons son courroux.

(Rentrée de Foliquet, de Roger et des soldats français.)

ENSEMBLE.

CHOEUR DES MONTÉNÉGRINS.

Sous ces ombrages
Répétons nos chansons.
Tous les orages
S'arrêtent sur ces monts.

CHOEUR DES SOLDATS.

En tous lieux nous vaincrons,
Allons, vive la guerre ;
Bientôt nous connaîtrons
Tous les vins de la terre.

CHOEUR DES MONTÉNÉGRINS.

Amis, versons, versons,
Et remplissons nos verres,
Ici nous sommes frères ;
Répétons nos chansons.

CHOEUR DES SOLDATS.

Honneur
A la victoire !
Et gloire
A l'Empereur !

*(Les soldats se dispersent, ainsi que les Monténégrins.
Régina et Foliquet, bras dessus, bras dessous, dis-
paraissent par le fond.)*

SCÈNE II.

ANDRÉAS, ZISKA.

ANDRÉAS, *à part.*

Nous sommes seuls ; les Français ne reviendront pas avant
deux heures. (*Il prend sa trompe, et en tire un son prolongé du
côté de la campagne.*)

ZISKA.

Que fais-tu?

ANDRÉAS.

Silence! (*On entend le même son dans le lointain.*)

ANDRÉAS, *à part.*

C'est bien, je suis tranquille maintenant.

ZISKA.

Mais que signifie...

ANDRÉAS.

Que t'importe!... Te dois-je compte de ma conduite et de mes secrets?

ZISKA.

Secrets politiques?... Non. Est-ce que cela me regarde? Toi, chef, Monténégrin, tu te caches sous les habits grossiers de l'aubergiste, moi, je ne suis qu'un pauvre barde errant de tribu en tribu. Tu conspires, moi je chante.

ANDRÉAS.

A la bonne heure!

ZISKA.

Tu sais d'ailleurs le motif qui m'a ramené ici. Béatrix va-t-elle revenir enfin? Depuis plus d'un mois que tu me promets son retour...

ANDRÉAS.

Tu es donc bien pressé de la voir?

ZISKA.

Elle... ma Béatrix!... mon enfant d'adoption... Elle que son père expirant remit entre mes bras en me disant: « Ziska, je meurs, voilà ta fille... » Oh! j'aurais dû la garder près de moi, au lieu de la donner à ta tribu.

ANDRÉAS.

Qu'en aurais-tu fait, toi, pauvre poète sans asile?

ZISKA.

C'est vrai, je n'ai pour tout bien que ma guzla et mes chansons...

ANDRÉAS.

Et moi je l'ai rendue digne de son père.

ZISKA.

Oui, je sais que, t'emparant de tous les sentiments de ce jeune cœur, tu lui as inspiré un seul amour, le plus noble, le plus pur, l'amour de la patrie. Je sais qu'obéissant à tes ordres, trompant tous les regards, franchissant tous les obstacles, elle pénètre audacieusement jusqu'au milieu de l'armée française, surprend ses projets, et te donne à toi, grand politique, les moyens de les déjouer...

ANDRÉAS.

Et d'où as-tu appris?...

ZISKA.

Oh! le hasard seul... Je pénètre aussi partout en chantant mes ballades... Ma guzla n'effraie personne.

ANDRÉAS.

Eh bien ! apprends donc qu'une mission importante que j'ai donnée à Béatrix...

ZISKA.

C'est bien ce que j'ai pensé... puisqu'on assure que le traité de Presbourg va être déchiré par les Monténégrins...

ANDRÉAS.

Qui te l'a dit?

ZISKA.

Je ne me souviens pas bien... mais j'ai entendu dire qu'une flotte de l'empereur Alexandre viendrait occuper la rade de Cattaro qui commande l'entrée de nos montagnes.

ANDRÉAS.

Et ensuite?

ZISKA.

Ensuite... on murmurait les mots de révolte... d'insurrection... mais comme cela est impossible...

ANDRÉAS, *vivement.*

Impossible!... Oh! si la mission de Béatrix réussit, l'insurrection se propagera de tribu en tribu, et, délivré de la domination française, le Monténégro deviendra une province russe.

ZISKA, *indigné.*

Une province russe!...

ANDRÉAS.

Qu'est-ce que cela te fait?

ZISKA.

A moi!... beaucoup. (*Se reprenant et gaiment.*) Si Alexandre allait m'empêcher de chanter... Il est tout puissant... il récompensera largement ceux qui l'auront servi... tandis que la France, assurant simplement la liberté et l'indépendance des tribus, ne nous accorderait qu'une protection stérile...

ANDRÉAS.

Eh bien?

ZISKA.

Eh bien!... tu vois que je n'entends rien à la politique. Que nous font à nous autres poètes les choses d'ici-bas?... Nous regardons le ciel... (*A part.*) pour ne pas voir les lâchetés de la terre...

ANDRÉAS.

Que dis-tu?

ZISKA, *avec impatience.*

Je dis que tu m'as promis le retour de Béatrix, et qu'elle ne revient pas.

ANDRÉAS.

Sois tranquille, cette fois elle est en route.

ZISKA.

Comment!...

ANDRÉAS.

Tu me demandais tout à l'heure quel était ce signal auquel on
a répondu.

ZISKA.

Eh bien?

ANDRÉAS.

C'était Béatrix. Regarde... la voilà...

SCÈNE III.

ZISKA, BÉATRIX, ANDRÉAS.

BÉATRIX.

Ziska!...

ZISKA.

Ma fille!... ma Béatrix!.. un mois... plus d'un mois sans te
voir!... Nous attendions ton retour à chaque instant...

BÉATRIX.

Oh! pardonne-moi, pardonnez-moi tous deux; mais un re-
tard involontaire, une circonstance étrange au pied du mont Lanowich.

ZISKA.

Au mont Lanowich!...

ANDRÉAS.

Aurais-tu couru quelque danger?

BÉATRIX.

Non, mais, arrivée la nuit dans cette tribu, il y a un mois...

ZISKA.

La nuit... il y a un mois... En effet .. cette écharpe... Ah! je
sais tout maintenant; on m'a tout conté... Oh! oui, je te recon-
nais là, ma fille...

ANDRÉAS.

Mais, enfin, que lui est-il arrivé?

ZISKA.

Oh! cela, c'est comme si je l'avais vu, c'est comme si je le voyais
encore... tant le récit a été fidèle... Au pied de la montagne, à la
lueur des torches, un groupe de Monténégrins armés de fusils...
A vingt pas devant eux, un jeune homme, un officier français à
genoux, priant Dieu de consoler sa mère, qu'il ne reverrait plus...
Les fusils s'arment, on couche en joue... mais, rapide comme
l'éclair, une femme, glissant au milieu des ombres de la nuit, et
attendrie sans doute à ce spectacle...

BÉATRIX, *avec émotion.*

Elle avait vu la douleur, le courage, la jeunesse du Français;
elle avait pensé à sa mère, elle aussi, à sa mère... qui n'est plus...
Cette femme s'élance, étend sur lui l'écharpe du commandement
et le sauve de la mort... Cette femme, c'était moi.

ANDRÉAS.

Toi!... mais en te faisant connaître, tu pouvais tout perdre.

BÉATRIX.

J'avais la tête couverte de mon voile; il ne m'a pas vue... mais je l'ai vu, moi... J'ai rendu un fils à sa mère. Dieu m'a bénie... et, vous le voyez... me voici de retour.

ANDRÉAS.

Sauver un ennemi!...

BÉATRIX.

Ah! celui-là n'était pas un ennemi... c'était un homme sans défense.

ROMANCE.

PREMIER COUPLET.

Quand je sauvai son existence
En l'arrachant à leur fureur,
De moi, s'approchant en silence,
Il me tendit sa croix d'honneur;
Puis, surpris, muet à ma vue,
Il voulut parler, mais en vain,
Sa main alors pressant ma main,
Il me dit, d'une voix émue :
    A cette croix j'obéirai;
Qu'un cri de vous se fasse entendre,
Je serai là pour vous défendre,
    Ou je mourrai!

DEUXIÈME COUPLET.

Son doux regard, sa noble image
Sont gravés au fond de mon cœur,
Il était beau de son courage,
Il était beau de sa douleur;
Vers cette mère qu'il adore,
Il partit content et joyeux.
Longtemps je le suivis des yeux;
Au loin sa voix disait encore :
    A cette croix j'obéirai, etc.

ANDRÉAS.

Assez, assez... Voyons, parle, as-tu réussi? Les chefs Monténégrins...

BÉATRIX.

Je les ai vus; ils consentent à se trouver cette nuit au château de la Maladetta, pour concerter le plan général de la révolte.

ANDRÉAS.

Cette nuit?... Enfin!...

ZISKA.

A la Maladetta!... dans ce vieux manoir abandonné depuis des siècles par suite des terreurs populaires... c'est adroit...

ANDRÉAS.

Et du côté des Français, n'as-tu rien appris?

BÉATRIX.

Oh! si fait... Malgré mon signalement donné aux avant-postes, j'ai pu pénétrer parmi eux en changeant de costume, comme je viens de le faire pour arriver jusqu'ici. L'officier qui commande dans ce village a reçu ou va recevoir l'ordre de se rendre cette nuit au château de la Maladetta.

ANDRÉAS.

Cette nuit aussi?

ZISKA.

Et dans quel but?

BÉATRIX.

Je l'ignore; je sais seulement que c'est un ordre secret, et qu'il doit y aller sans escorte.

ANDRÉAS.

Quel que soit son but, il ne peut que nous être fatal, la nuit même où nous nous réunissons dans ce château. Il n'y pénétrera pas, et dussions-nous tuer le capitaine Sergis...

BÉATRIX, avec effroi.

Sergis, Sergis?...

ZISKA, à part.

Béatrix a pâli, c'est lui qu'elle a sauvé!

BÉATRIX, avec émotion.

Le tuer... oh! non, vous ne le ferez pas! (A part.) Lui!..

ZISKA.

Sans doute, un soldat que protége la foi des traités, ce serait la ruine de notre pays.

ANDRÉAS.

Eh! que nous importe; demain nous serons les maîtres.

BÉATRIX, avec anxiété.

Mais s'il n'allait pas à ce château cette nuit...

ANDRÉAS.

Comment?

BÉATRIX.

Enfin... s'il n'y allait pas...

ANDRÉAS.

Soit; mais s'il y va, il est perdu.

BÉATRIX, dans la plus vive agitation.

Perdu!... Non; écoutez-moi.

FOLIQUET, en dehors.

Oui, oui, oui, oui.

ANDRÉAS.

Silence, on vient... Ce soldat...

BÉATRIX.

Retirons-nous... Là, là, je vous dirai tout.

ANDRÉAS.

Venez...

1.

BÉATRIX, *bas à Ziska.*

. Oh! mon père, il faut le sauver à tout prix.

ZISKA, *à part.*

Pauvre enfant! elle l'aime. (*Ils entrent tous trois dans le bâtiment à droite.*)

SCÈNE IV.

FOLIQUET, RÉGINA.

FOLIQUET.

Non, non, non, non.

RÉGINA.

. Donnez-moi votre bras.

FOLIQUET.

Je n'ai pas de bras.

RÉGINA.

Mais, écoutez-moi.

FOLIQUET.

Je n'ai pas d'oreilles.

RÉGINA.

Regardez-moi.

FOLIQUET.

Je n'ai pas d'yeux.

RÉGINA.

Parlez-moi.

FOLIQUET.

Je n'ai pas de langue. Je veux être cruel, Régina, je veux être cruel.

RÉGINA.

Mais hier, mais ce matin, vous me disiez que vous m'aimiez.

FOLIQUET

Hier, j'avais un cœur... c'est possible... ce matin, j'avais un cœur... c'est probable; mais en ce moment, plus de tic-tac pour vous, l'horloge est arrêtée... Faut-il vous le répéter, Régina, le service de mon officier avant tout... c'est pas galant, mais c'est la consigne. (*Appelant.*) Garçon! (*Une fille d'auberge paraît.*) Tiens... c'est une fille... Garçon, une bouteille de Rosolio et du feu, comme à l'ordinaire. (*La fille lui présente un plateau; il va tout ranger sur la table à gauche.*)

RÉGINA.

Voulez-vous que je vous aide?

FOLIQUET.

Ça lui serait désagréable... il n'y a que moi qui touche à ces instruments-là... Bien... la pipe ici... un bon siége et un coussin sous ses pieds.

RÉGINA.

Avez-vous bientôt fini?...

FOLIQUET.

Oui, maintenant, je suis à toi. (*S'asseyant.*) Fais-moi la cour;
et, pour commencer, donne-moi un petit baiser.

RÉGINA.

Un baiser...

PREMIER COUPLET.

Séducteurs charmants,
Perfides amants,
Brillants oiseaux de passage,
Pour nous cajoler,
Pour nous enjôler,
On connaît votre ramage.
Rien qu'un petit baiser.
Un baiser,
Sur ton front de rose,
Rien qu'un petit baiser.
Un baiser,
C'est si si peu de chose,
Ça ne peut pas se refuser.

DEUXIÈME COUPLET.

De ces beaux discours,
Tout miel et velours,
Défiez-vous, filles sages,
Griffes de vautours
Se cachent toujours
Sous leurs séduisants plumages.
Rien qu'un petit baiser.
Un baiser,
Sur ton front de rose,
Rien qu'un petit baiser.
Un baiser,
Oh! c'est grande chose,
Ça doit toujours se refuser.

Un baiser, vous n'êtes pas encore mon mari,

FOLIQUET.

Quasi, quasi...

RÉGINA.

Comment, quasi?... Et si le régiment s'en va...

FOLIQUET.

Monténégrine de mon cœur, je t'épouse et je t'emmène.

RÉGINA.

Bien vrai!

FOLIQUET.

Je te fais voir Paris.

RÉGINA.

Paris, le grand Paris!

FOLIQUET.

Oui, je t'y mènerai... comme on te regardera.

RÉGINA.

Moi!...

FOLIQUET.

Comme on me lorgnera... Tiens, voilà monsieur et madame Foliquet.

RÉGINA.

On dira ça!...

FOLIQUET.

C'est que je suis très-connu dans la capitale de l'univers... ça tient à mon grade.

RÉGINA.

Je vous croyais simple soldat.

FOLIQUET.

Fi donc... je suis brosseur.

RÉGINA.

Brosseur... qu'est-ce que c'est que ça?...

FOLIQUET.

Une dignité de l'armée française... comme qui dirait le caissier, l'homme d'affaires, le valet de chambre de mon capitaine. En voilà une rareté d'homme... Dam, pour toi je veux vivre... mais, pour lui, je me ferais tuer. Il est mon soleil, je suis son ombre... c'est moi que je lui fais la cuisine... enfin je tricotte ses bas, j'ourle ses cravates et je marque ses mouchoirs.

RÉGINA.

Vous savez faire tout cela, un homme!...

FOLIQUET.

Et pour le prouver, permettez-moi, ô Régina! de vous offrir ce faible échantillon de mes talents.

RÉGINA.

Un mouchoir que vous avez brodé à mon intention...

FOLIQUET.

Oui, que j'ai brodé à votre intention. C'est galant, hein!...

RÉGINA, *déployant le mouchoir.*

Êtes-vous gentil... est-il aimable!... Tiens... un A et un S, mais ce n'est pas mon chiffre.

FOLIQUET.

C'est celui de mon capitaine, je n'en sais pas faire d'autre... mais le voilà, silence dans les rangs... par file à gauche... arche. (*Régina exécute le mouvement militairement.*) Oh!... tu tournes à droite... c'est égal. (*La suivant au pas.*) Gauche! droite! gauche! droite!...

RÉGINA, *la main sur le front.*

Voilà, brosseur! (*Elle sort par la gauche.*)

SCÈNE V.

FOLIQUET, SERGIS.

SERGIS, *entrant, des papiers à la main, (une lettre cachetée),*
apercevant Foliquet.

Ah! c'est toi!...

FOLIQUET, *la main à la tête, au port d'armes..*

Vous êtes servi, cap'taine.

SERGIS.

C'est bien, reste.

FOLIQUET.

Oui, cap'taine.

SERGIS, *lisant la lettre qu'il tient à la main.*

« Commandant, vous partirez immédiatement pour la Mala-
« detta, un vieux château situé à quelques lieues du village d'Ales-
« berg; le moindre mouvement de troupes pourrait éveiller la
« défiance; vous irez sans escorte, un guide seulement; un motif
« de curiosité servira de prétexte à votre départ; quant à la dé-
« pêche que vous trouverez dans celle-ci, vous ne l'ouvrirez
« que demain au lever de l'aurore; en cas de surprise seulement,
« brisez le cachet, lisez et brûlez. Je confie cette mission à votre
« honneur et à votre courage, etc., etc. » (*Haut.*) Les phrases de
rigueur... Ma foi, vive l'état militaire; on vous dit: va, vous
allez; on vous dit: reste, vous restez; c'est simple, c'est com-
mode et ça ne fatigue pas l'imagination (*A Foliquet.*) Ecoute.

FOLIQUET.

Oui, cap'taine.

SERGIS.

Nous partons.

FOLIQUET.

Oui, cap'taine.

SERGIS.

Tu prendras un mulet pour porter nos provisions, va...

FOLIQUET.

Oui, cap'taine. (*Il fait un demi-tour et sort au pas accéléré.*)

SCÈNE VI.

SERGIS, ZISKA, *sortant de la maison à gauche.*

ZISKA, *à part.*

Tout est bien convenu... C'est lui... (*Haut.*) Seigneur capitaine...

SERGIS, *prenant sa pipe, et s'asseyant.*

Ah! vous voilà, maître Ziska; parbleu je suis enchanté de vous

voir... sans façon mettez-vous là... une pipe et un verre de
Rosolio...

ZISKA, *s'asseyant.*

Offerts cordialement, j'accepte de même.

SERGIS.

A la bonne heure. Parmi tous les montagnards qui m'entourent,
vous êtes le seul ayant une face humaine, et que j'aime à ren-
contrer.

ZISKA.

Qu'on dise maintenant qu'il n'y a pas de sympathie dans ce
monde.

SERGIS.

Sans doute, maître barde, et, je ne sais, mais je vous soup-
çonne fort d'aimer la France.

ZISKA.

Moi?

SERGIS.

Vous-même.

ZISKA.

Eh bien ! oui... (*Se reprenant.*) sous le rapport de l'art... comme
on adore les belles et grandes choses... Je puis même vous le dire
à vous, mais tout bas... au récit de tant de hauts faits, de gloire,
de batailles si brillamment gagnées, souvent, malgré moi, je saisis
ma guzla, et j'entonne un chant de victoire.

SERGIS, *levant son verre.*

Eh bien! à la gloire de la France.

ZISKA.

Volontiers. (*Avec feu et se levant.*) A la gloire de la France!...
(*Se reprenant.*) Toujours sous le rapport de l'art... car, que nous
importe, à nous autres poëtes, que le maître s'appelle Alexandre
ou Napoléon; notre patrie est partout où l'on chante, notre bien,
c'est notre guzla, notre liberté, c'est notre cœur...

SERGIS.

Allons, je vois que vous êtes un joyeux compagnon.

ZISKA.

Plus que vous... en voyant votre regard vague et tendre, je me
suis dit plus d'une fois : le seigneur capitaine a dans le cœur une
de ces passions mystérieuses...

SERGIS.

Si je vous disais que vous avez deviné.

ZISKA.

Vraiment ! contez-moi cela... et j'en fais la plus belle ballade.

DUO.

ZISKA.

Allons, confiez-moi votre peine secrète,
Vous êtes amoureux, et moi je suis poëte;
Nous devons nous comprendre au mieux,

Car nous sommes fous tous les deux.
Vous aimez la beauté, la gloire et leurs promesses.

SERGIS.

Oui, j'aime la beauté, la gloire et leurs promesses.

ZISKA.

Moi, mon cœur dédaignant ces trompeuses maîtresses,
        Poursuit un rêve pur
        Dans les champs de l'azur.

SERGIS.

Mon amour insensé, chef-d'œuvre du mystère,
        Poëte, doit vous plaire.
    Songe doré, songe délicieux,
    Dont le réveil ne peut être qu'aux cieux.

ZISKA.

Vous connaissez son nom.

SERGIS.

                    Non.

ZISKA, *étonné*.

                            Non !

Son rang ?

SERGIS.

Non.

ZISKA.

            Non !

Mais sa voix ?...

SERGIS.

Non.

ZISKA.

            Non ! Son visage ?...

SERGIS.

Pas davantage.

ZISKA.

Vous perdez la raison ;
Ni son nom, ni sa voix, pas même sa figure.

SERGIS.

Ni son nom, ni sa voix, pas même sa figure.
Vraiment, je vous le jure.

ENSEMBLE.

ZISKA.

    La drôle d'aventure !
        Ah ! vraiment,
        C'est charmant !
    La drôle d'aventure !
    Les plaisantes amours,
    J'en veux rire toujours.

SERGIS.

Séduisante aventure !

    C'est vraiment
    Ravissant !
Séduisante aventure !
Les charmantes amours !
J'en veux rêver toujours.

      SERGIS.

C'est plus piquant encore,
De celle que j'adore,
De celle que j'ignore,
Les traits sont gravés là.

      ZISKA.

Eh ! quoi, sans l'avoir vue,
Sans l'avoir entendue,
D'une telle inconnue
Vous feriez le portrait.

      SERGIS.

Son portrait, le voilà.

ROMANCE.

PREMIER COUPLET.

A mes yeux toujours présente,
  Elle me sourit parfois ;
Dans les combats, sous la tente,
Le jour, la nuit, je la vois.
    C'est la plus belle,
  Lorsque vous la verrez
      Vous direz :
      C'est elle !
Et, comme moi, vous l'aimerez !

DEUXIÈME COUPLET.

Sa douce image m'enivre,
Son regard me suit toujours ;
Pour elle je voudrais vivre,
Pour elle donner mes jours.
    C'est la plus belle,
  Lorsque vous la verrez
      Vous direz :
      C'est elle !
Et, comme moi, vous l'aimerez !

ENSEMBLE.

Vraiment, sans l'avoir vue,
Sans l'avoir entendue,
De cette belle inconnue
  Je suis } épris pour toujours.
  Il est }

ENSEMBLE.

ZISKA.

La drôle d'aventure, etc.

SERGIS

Séduisante aventure, etc.

SERGIS.

Riez tant que vous voudrez, maître Ziska; il y a là un de ces souvenirs qui saisit le cœur et qu'il garde... Mais parlons d'autres choses... Savez-vous qu'on ne s'amuse guère dans votre pays; vos vallées, vos montagnes, vos costumes, ces mœurs, moitié turques, moitié italiennes, tout cela est très-beau, très-pittoresque... mais c'est diablement monotone... (*A part.*) Exécutons fidèlement les instructions de mon général. (*Haut.*) Est-ce que vous n'avez pas dans les environs quelques curiosités à voir... quelques belles ruines, quelque vieux manoir bien démantelé?...

ZISKA, *à part.*

Il a reçu la dépêche.

SCÈNE VII.

RÉGINA, FOLIQUET, SERGIS, ZISKA.

FOLIQUET.

Tout est prêt!...

SERGIS.

Tais-toi, imbécile!...

FOLIQUET, *portant la main à la tête.*

Oui, cap'taine.

RÉGINA, *à Foliquet.*

Mais, dites donc...

FOLIQUET.

Tais-toi, imb... oh! non...

RÉGINA. (*Même jeu que Foliquet.*)

Oui, cap'taine.

SERGIS.

Par exemple, on m'a parlé d'un vieux château... à quelques lieues d'ici... qui s'appelle...

RÉGINA, *vivement.*

Maladetta!

SERGIS.

C'est cela.

RÉGINA.

Le château de la Maladetta! Seigneur Dieu!...

ZISKA.

Bien digne de son nom, car c'est un lieu maudit.

SERGIS.

Eh bien! est-ce qu'on n'y va pas à ce damné château?...

RÉGINA.

On y va, oui!... mais on n'en revient pas toujours ; c'est qu'il s'est passé là des choses...

FOLIQUET.

Vraiment !

SERGIS, *gaiement.*

Oh ! oui... des vampires qui vous tuent rien qu'en vous regardant, des fantômes qui traînent des chaînes... J'ai été bercé avec ces contes-là.

FOLIQUET.

Il appelle ça des contes !

RÉGINA.

Oh ! ne parlez pas ainsi, monsieur l'officier; cela vous porterait malheur.

FOLIQUET.

Je crois bien !

SERGIS.

Comment ! et toi aussi !...

FOLIQUET.

Voyez-vous, capitaine, dans notre Bretagne on nous élève dans la crainte de Dieu, de M. le maire et des revenants... Oh ! les fantômes... ça me donne la chair de poule... brrr.

ZISKA.

Il est des choses qu'on doit respecter, même lorsqu'on ne les croit pas, seigneur capitaine.

SERGIS.

Allons, maître Ziska, dites-le donc franchement, vous avez la fantaisie d'improviser quelque ballade : le sujet doit être beau; j'écoute...

ZISKA.

La ballade !... elle est faite depuis plus de deux cents ans, et tout le pays ne la chante qu'avec terreur.

SERGIS.

Eh bien! chantez-nous-la... dussiez-vous faire comme tout le pays.

FOLIQUET.

Voilà une ballade qui va m'attaquer les nerfs.

ZISKA.

BALLADE.

PREMIER COUPLET.

Hélène était la dame
De ce lieu redouté ;
Elle vendit son âme
Pour garder sa beauté.
Le temps qui nous dévore
Lui laissa de longs jours.
Au bout d'un siècle encore

On l'adorait toujours.

Craignez, craignez Hélène,
La châtelaine,
Errante sur la tour,
C'est un vampire
Qui vous attire
Avec des chants d'amour.

ENSEMBLE.

C'est un vampire
Qui vous attire
Avec des chants d'amour.

ZISKA.

DEUXIÈME COUPLET.

De la magicienne
L'âme revient la nuit,
Son regard vous enchaîne,
Et sa voix vous séduit.
Des traits de son visage,
Vos yeux seront charmés,
Car c'est la douce image
De ce que vous aimez.

Craignez, craignez Hélène, etc.

ENSEMBLE.

C'est un vampire
Qui vous attire, etc...

SERGIS, *gaiement.*

Bravo! bravo! maître Ziska; c'est magnifique!... mais je n'en crois pas un mot.

ZISKA.

Vous raillez, mon officier, et cependant il n'y a pas un demi-siècle encore... c'était, comme aujourd'hui, un 13 septembre, l'anniversaire de la mort d'Hélène, jour marqué pour l'apparition du fantôme... Un jeune homme, un étranger comme vous, incrédule comme vous, osa pénétrer à la Maladetta.

FOLIQUET.

Voilà une chose que je n'aurais pas faite.

ZISKA.

Et à minuit, pour mieux l'attirer et le perdre, le fantôme lui apparut sous les traits de celle qu'il aimait.

SERGIS, *gaiement.*

Oh! qu'il dut être heureux! Un spectre qui ressemble à celle que l'on aime!... Mais, précisément, voilà le moyen de connaître enfin ma belle mystérieuse.

ZISKA.

Et, le lendemain, l'imprudent apprit que sa fiancée était morte à l'heure même où il avait évoqué le fantôme.

SERGIS, *gaiement.*

Vraiment !...

FOLIQUET, *effrayé.*

C'est là où nous devons aller.

SERGIS, *gaiement.*

Allons, maître barde, à force de chanter cette ballade, vous avez fini par y croire... mais moi qui ne redoute pas Hélène la châtelaine, je pars.

FOLIQUET, *à part.*

Il a le diable au corps, mon capitaine.

ZISKA, *à part.*

Impossible de le retenir. (*Haut*) Vous partez seul avec ce garçon-là ?

SERGIS.

Sans doute.

ZISKA.

Mais vous ne connaissez ni l'un ni l'autre le chemin... Il vous faut un guide sûr et dévoué.

SERGIS.

Vous avez raison, et parmi tous vos Monténégrins, je ne vois pas qui oserait me rendre ce service.

ZISKA.

Eh bien ! je me risque... Depuis longtemps, l'amour et moi sommes brouillés, j'irai avec vous.

SERGIS.

Merci, maître barde... comme vous disiez tout à l'heure : offert cordialement, j'accepte de même. Foliquet, tu as pris mes armes ?

FOLIQUET, *tristement.*

Oui, capitaine, et les provisions aussi...

ZISKA, *à part.*

Béatrix doit avoir tout entendu... à son tour... (*Haut.*) Seigneur capitaine, avant de partir, choquons encore le verre ici-bas... C'est peut-être notre dernier toast.

SERGIS.

En ce cas, qu'il soit le meilleur.

FOLIQUET.

Régina, si je faisais mon testament pour t'assurer tout ce que je possède ?

RÉGINA.

Mais vous n'avez rien !

FOLIQUET.

Accepte toujours... je te le donne.

SCÈNE VIII.

ZISKA, SERGIS, FOLIQUET, ANDREAS, BÉATRIX.
MONTÉNÉGRINS, MONTÉNÉGRINES.

LES FEMMES, *en dehors.*
La voilà !...

FOLIQUET.
Mais quel est donc ce bruit ?

RÉGINA, *regardant*
C'est une Gitana, que tout le monde suit.

CHŒUR DE FEMMES, *entrant.*
Voilà
La Gitana !
C'est une fête
Qui s'apprête.
Voilà
La Gitana !
Sans plus attendre,
Pour bien la voir et pour l'entendre,
Plaçons-nous là.

RÉGINA.
Dans un instant vous la verrez,
Dans un instant vous l'entendrez.

CHŒUR DE FEMMES.
Voilà
La Gitana ! La voilà !

BÉATRIX.
Me voilà !
C'est le destin qui vous rend ses oracles.
Me voilà !
De l'avenir j'annonce les miracles,
De tous chagrins,
Mon pouvoir vous délivre,
Et, dans vos mains,
Je lis comme en un livre.
Me voilà !
Venez à moi ! je suis la Gitana.

CHŒUR.
On ne peut faire
Aucun mystère,
Pour elle, il n'est
Pas de secret.
Ne disons rien,
Écoutons bien.

BÉATRIX.
Je suis la bohémienne !

Consultez,
Et mettez
Votre main dans la mienne.
Par les fleurs,
Les couleurs,
Les cartes, je vous jure,
Je verrai,
Je dirai
Votre bonne aventure.
Venez, accourez tous, mon savoir est certain,
C'est moi qui vous prédis les arrêts du destin.

CHOEUR DES FEMMES.

C'est à nous, bohémienne,
Réponds-nous à l'instant,
Dis-nous, quoi qu'il advienne,
Le sort qui nous attend.
Car c'est toi qui nous annonces
Des maris
Toujours soumis ;
Et c'est toi qui nous dénonces
Les époux
Qui sont jaloux.

BÉATRIX, *examinant la main de Régina.*
Un bel homme,
Qu'on renomme,
Est amoureux de toi.

RÉGINA.

Est amoureux de moi.

FOLIQUET.

Ce bel homme, c'est moi !

RÉGINA ET LE CHOEUR.

Elle se rit { de moi.
{ de toi.
Ah ! ah ! ah !

BÉATRIX.

Le Français est volage,
Ce n'est pas être sage,
Craignez cet embarras,
Je ne vous promets pas
De bonheur en ménage.

CHOEUR DES FEMMES, *entourant Béatrix.*
Et moi !
Et moi !
Et moi !
Dites-nous, à l'instant
Le sort qui nous attend.
Parlez, parlez, la Gitana.

BÉATRIX.

Me voilà !
C'est le destin qui vous rend ses oracles.
Me voilà !
De l'avenir j'annonce les miracles,
De tous chagrins
Mon pouvoir vous délivre,
Et, dans vos mains
Je lis comme en un livre.
Venez à moi, je suis la Gitana !
Oui, me voilà !

CHŒUR.

Voilà ! voilà
La Gitana
Qui vient nous rendre ses oracles, etc.

ZISKA, *bas à Béatrix.*

Je n'ai pu l'empêcher de partir.

BÉATRIX, *bas à Ziska.*

Laisse-moi faire... (*A Sergis.*) Oh ! mon bel officier, c'est mal ;
seul, vous semblez dédaigner la pauvre bohémienne !

SERGIS.

Je fais comme tout le monde, j'écoute et j'applaudis.

BÉATRIX.

Mais vous ne consultez pas ; vous avez peut-être peur...

SERGIS.

Peur de tes prédictions ?....

BÉATRIX.

Ne me défiez pas, mon officier, car je vous dirais des choses...

SERGIS.

Pour peu que cela te fasse plaisir... voici ma main ; je suis cu-
rieux de savoir....

BÉATRIX.

Vous saurez... (*Examinant attentivement la main de Sergis.*)
Je vois parfaitement, très-distinctement... Vous avez encore
votre mère ?

SERGIS, *avec émotion.*

Oh !... oui.

BÉATRIX.

Vous lui avez écrit une lettre ?

SERGIS.

Après...

BÉATRIX.

Elle l'ouvre en ce moment... Son visage exprime la crainte...
puis l'effroi... Des larmes coulent de ses yeux... mais c'est de
joie... car son fils est sauvé.

SERGIS.

Comment peux-tu savoir ?...

BÉATRIX.

Tout simplement, là, dans cette ligne...

SERGIS.

C'est singulier !... Mais le passé... ce n'est pas étonnant...

BÉATRIX.

Voulez-vous le présent ?

SERGIS.

Parle.

BÉATRIX.

Vous vous disposez à partir.

SERGIS.

Vraiment !... tu as deviné cela ?...

BÉATRIX.

Voulez-vous l'avenir ?

SERGIS.

Voyons l'avenir...

BÉATRIX, *en appuyant.*

Si vous allez à la Maladetta, celle que vous aimez mourra. (*Gaiement.*) Mais, seigneur capitaine, vous me retenez trop longtemps, il en faut pour tout le monde.

ANDRÉAS, *s'approchant.*

A mon tour. (*Il lui tend la main.*)

SERGIS, *dans la plus vive agitation.*

Qu'est-ce que tout cela veut dire ?

BÉATRIX, *à Andréas.*

Il hésite.

ZISKA.

Eh bien ! seigneur capitaine ?...

SERGIS.

Nous partons.

BÉATRIX, *à part.*

Grand Dieu !...

ANDRÉAS, *bas à Béatrix.*

Tu l'entends... exécute ce que tu m'as promis : car s'il va au château, c'est fait de lui.

BÉATRIX, *très-émue.*

Il suffit. (*A Régina.*) Tu me suivras à la Maladetta ; il faut que je le sauve, et je le sauverai...

SERGIS.

Maître Ziska, je vous attends.

BÉATRIX, *à Régina.*

Courons, il faut le devancer. (*Elle va pour sortir, lorsqu'elle est ramenée sur le devant du théâtre par Roger et les soldats qui entrent.*

SCÈNE IX.

ANDRÉAS, ZISKA, FOLIQUET, BÉATRIX, SERGIS, RÉGINA,
ROGER, MONTÉNÉGRINS, MONTÉNÉGRINES, SOLDATS FRANÇAIS.

FINAL.

ROGER ET LE CHOEUR DES SOLDATS.

A cette femme !
A cette infâme !
Honte et trépas !
N'écoutez pas,
C'est la sirène
Qui vous entraîne
Sur ses pas ;
Ne suivez pas,
N'écoutez pas.

SERGIS.

Pourquoi ces menaces, ces cris,
Cette femme, qui donc est-elle ?

ROGER ET LES SOLDATS.

C'est la jeune rebelle
Qui sert si bien nos ennemis.

SERGIS.

Quoi, tant de charmes, de jeunesse,
Ne cacheraient que trahison...
Non, non... point de faiblesse
Soldats qu'on l'entraîne en prison.

LES MONTÉNÉGRINS, *suppliant Sergis.*

Clémence !

LES SOLDATS, *furieux.*

Vengeance !

BÉATRIX, *entraînée par les soldats, chante presque au fond
du théâtre.*

A cette croix j'obéirai !
Qu'un cri de vous se fasse entendre,
Je serai là pour vous défendre,
Ou je mourrai !

(*Aux premiers vers, Sergis se retourne, fait signe aux soldats de rendre la liberté à Béatrix, qui s'approche de lui
et, aux derniers vers du refrain, lui présente sa croix
d'honneur.*)

SERGIS.

Qu'ai-je entendu ?
Grand Dieu ! qu'ai-je vu ?
Cette croix... c'est la mienne...

(*Avec douleur.*)

C'était vous, vous !... une bohémienne !

2

SEPTUOR.

7 BÉATRIX, SERGIS, ZISKA, ANDRÉAS, RÉGINA, FOLIQUET, ROGER.

BÉATRIX.

Ma voix a, dans son cœur,
Trouvé l'écho fidèle,
Quand ici je rappelle
Le serment fait sur son honneur.
Quel que soit ce mystère,
Il saura, je l'espère,
Calmer cette colère
Et m'arracher à leur fureur.

TOUS.

Ma $\}$ voix a, dans $\{$ mon $\}$ cœur,
Sa $\}$ $\qquad$ $\{$ son $\}$
Trouvé l'écho fidèle...
C'est elle, c'est bien elle,
Qui fait appel à $\{$ mon $\}$ honneur, etc.
$\qquad$ $\{$ son $\}$

SERGIS, *à Béatrix.*

Tu peux partir! Dieu me donne un beau jour;
Tu m'as sauvé, je te sauve à mon tour.
Tout semble nous unir par une chaîne étrange;
Que tu sois un démon ou que tu sois un ange,
A toi tout mon amour.

SERGIS, *à Béatrix, qui veut s'éloigner.*

Réponds... je t'en supplie.

BÉATRIX.

Dans ce cœur qui jamais n'oublie,
Tu resteras. .

SERGIS.

A toi ma vie!

BÉATRIX.

Adieu,
Allons où veut nous mener Dieu!

SERGIS.

Adieu!

ROGER ET LE CHOEUR DES SOLDATS, *furieux.*

Elle ne peut ainsi partir,
La rebelle va nous trahir!

SERGIS.

Obéissez! (*à Béatrix.*) Tu peux partir.

LES SOLDATS.

Elle ne peut ainsi partir.

SERGIS, *avec force.*

Obéissez! Tu peux partir.

ENSEMBLE.

ZISKA, SERGIS, ANDRÉAS, FOLIQUET, BÉATRIX, RÉGINA,
MONTÉNÉGRINS.

Plus de tourments, plus de frayeur !
La paix succède à leur fureur,
L'espoir renaît dans notre cœur ;
Elle est } sauvée, ah ! quel bonheur !
Je suis }

ROGER ET LES SOLDATS FRANÇAIS.

Puisqu'il le veut, plus de fureur !
Cachons la haine au fond du cœur.
Il faut céder à son erreur !
Elle est sauvée... ah ! quel malheur !

*(Sur l'ordre de Sergis les soldats s'écartent. Béatrix fait
un signe d'adieu à Sergis et sort avec Régina. Sergis
Ziska et Foliquet se disposent à partir. Tableau.)*

ACTE II.

Une vaste salle gothique du château de la Maladetta: style riche vénitien,
mais dégradé par le temps et l'abandon. Au fond, on remarque un
portrait de femme en costume du seizième siècle, au bas du cadre :
HÉLÈNE, 13 septembre 1507 ; à droite et à gauche du portrait sont atta-
chés des drapeaux. Au fond du théâtre, à droite, une estrade en
pierre avec balustres, sur laquelle on descend par un large escalier
de forme arrondie ; à gauche, au fond, une large porte donnant sur
une terrasse en ruines au delà de laquelle on aperçoit la mer.
Branches en cuivre avec bougies à demi-usées, au fond, contre le
portrait. Un canapé, une table avec trois ou quatre chaises go-
thiques; une cheminée, à droite ; à côté de la cheminée, une bran-
che en cuivre. — Au lever du rideau, il fait nuit, la scène n'est éclai-
rée que par la lune, dont la lumière frappe sur les marches de l'escalier et sur la terrasse. Le vent souffle avec violence.

SCÈNE I.

FOLIQUET, *une lanterne à la main, entrant le premier* ;
ZISKA, SERGIS.

FOLIQUET.
Sous cette voûte obscure,
Je frissonne d'horreur !

Et mon sang, je vous jure,
Se glace de terreur.

SERGIS, *le poussant.*

Avance donc, poltron; que devient ton courage?

FOLIQUET.

Mais, avec ma raison, je sens qu'il déménage.

ZISKA.

Pour réjouir le diable, est-il plus belle nuit!

FOLIQUET.

Je tremble... Il doit être minuit!

TRIO.

Minuit! c'est l'heure sombre
Ou l'esprit infernal
Quitte, en glissant dans l'ombre,
Son royaume fatal.

FOLIQUET.

Minuit!

SERGIS.

Minuit!

ZISKA.

Minuit!

ENSEMBLE.

Il est bientôt minuit!

SERGIS.

Minuit!
C'est l'heure de l'ivresse,
Où, de la plus tigresse,
Rigueur s'enfuit!
Minuit!
C'est l'heure enchanteresse,
L'heure de la tendresse,
Où tout séduit!

ZISKA.

Minuit!
C'est l'heure du fantôme,
L'heure où vampire ou gnôme
Partout vous suit!

ZISKA *et* FOLIQUET.

Minuit!
C'est l'heure du fantôme,
L'heure où vampire ou gnôme
Partout vous suit...

SERGIS.

Minuit! minuit!

C'est l'heure enchanteresse,
C'est l'heure de l'ivresse!

TOUS LES TROIS.

Minuit!
Il est bientôt minuit!

ZISKA.

Vous n'êtes pas fâché d'être arrivé, n'est-ce pas, mon bel officier?

SERGIS.

Non, certes... Depuis deux heures dans une obscurité profonde... Quels chemins!... des deux côtés des précipices épouvantables... et pour parvenir jusqu'ici, un escalier d'une longueur...

FOLIQUET.

Quatre cent soixante-dix-sept marches!... à croire que j'allais dialoguer avec les chérubins...

ZISKA.

Et cet entêté de mulet qui ne voulait pas avancer...

FOLIQUET.

Oui; mais pour le faire marcher, je n'ai à lui dire que cette simple parole: «Mulet, mon ami, je suis Breton.» Discours qui, assaisonné d'un argument sensible... flan!... lui a prouvé que le bipède est le supérieur des quadrupèdes.

ZISKA, montrant le fond à gauche.

Nous sommes sur la partie la plus élevée de nos montagnes: là, à gauche, la mer et la tour de la Trinita qui défend Cattaro.

SERGIS.

Et dans quelle partie du château sommes-nous?

ZISKA.

Dans la salle d'armes... Tenez, à ces murailles sont encore attachées les étendards des anciens seigneurs de cette contrée, et là... notre vieille bannière de Monténégro, qui ne doit être arborée que le jour de l'indépendance de notre pays.

SERGIS.

Ah! vraiment!... Encore une tradition... Mais il fait un froid du diable dans ce maudit château!

FOLIQUET.

Ce n'est pas du sang que j'ai dans les veines, c'est de la neige. brr!... brr!...

SERGIS.

Fais du feu et prépare le souper sur cette table.

FOLIQUET, avec effroi.

Souper!... vous pensez à souper!...

SERGIS.

Certainement, imbécile!... Quand tu resteras ainsi la bouche béante...

2.

FOLIQUET.

Voilà un souper que je n'ai pas mangé, et qui me donne déjà des crampes d'estomac...

SERGIS, à *Ziska.*

Et nous, de crainte de surprise, faisons d'abord une ronde militaire dans tout le château...

ZISKA.

Je suis à vos ordres, seigneur capitaine.

SERGIS, *prenant la lanterne.*

Partons ; vous êtes mon guide... je me laisse diriger...

FOLIQUET.

Et moi ?

SERGIS.

Toi, tu restes.

FOLIQUET.

Ici ?...

ZISKA.

Sans doute, pendant ce temps vous ferez le feu.

SERGIS.

Et tu mettras le couvert...

FOLIQUET, *avec frayeur.*

Comment ! vous me laissez seul... tout seul... sans lumière !...

SERGIS.

Ah ça, mais toi, si brave sur le champ de bataille... tu aurais peur !...

FOLIQUET.

Peur, moi !.... oh ! non.... mais j'ai une venette, oh !... De la fusillade, de la canonnade, de la mitraillade, ça me va ; mais dès qu'on parle de fantômes... c'est plus fort que moi, mon cœur bat et s'agite, mes jambes cotonnent ; soutenez-moi, capitaine, emmenez-moi ; je me cramponne à vous...

SERGIS, *le repoussant.*

Allons donc, poltron !... En route, maître Ziska.

(Ils sortent vivement par la gauche.)

SCÈNE II.

FOLIQUET seul.

Ah ! c'est comme ça qu'il me soutient !... Capitaine !... capitaine ! cap... Ils sont déjà bien loin, et ils me laissent seul dans ce château, où l'on voit le fantôme de celle que l'on aime... *(Croyant entendre du bruit.)* Qui va là ?... Répondez... non, ne répondez pas...

Quand vont-ils revenir ?
Je me sens tressaillir.
Je vais m'évanouir,
    Saint Chrisostôme,

Vois mon émoi,
Contre le fantôme,
Protége-moi !
Saint Chrisostôme,
Mon doux patron, je meurs d'effroi,
Je meurs d'effroi !

SCÈNE III.

RÉGINA, FOLIQUET.

DUO.

RÉGINA, *paraissant tout à coup.*
Me voilà !

FOLIQUET.
Régina !
Non, non, ce n'est pas elle !
C'est son fantôme !..

RÉGINA.
C'est elle,
Fidèle,
Oui, c'est ta Régina !

FOLIQUET.
Non, tais-toi, je suis inflexible !
Ne m'approche pas ;
Non, je ne t'aime pas,
Je ne te connais pas !

RÉGINA.
Eh quoi ! ton cœur est insensible ?
Non, non, tu m'aimeras
Et tu m'épouseras.

FOLIQUET.
Je sais ton fatal stratagème !
Tu prends les traits de ce qu'on aime.
Vœux superflus !
Tu ne vois plus,
Tu n'entends plus,
Tu ne vis plus.

RÉGINA.
Moi ? vraiment, je respire,
Comme toujours, j'entends, je vois...
Tic, tac, tic, tac, mon cœur soupire,
Tic, tac, tic, tac, et c'est pour toi.

FOLIQUET.
Pour me séduire,
En vain tu prends
Des accents
Caressants...

RÉGINA.

Mais c'est du délire !
Que veux-tu dire ?

FOLIQUET.

Sous tes vêtements blancs,
Ta prunelle
Étincelle ;
Autour de moi, j'entends
Que tu traînes
Des chaînes
Comme les revenants ..

RÉGINA, *riant*.

Comme les revenants !.
Quel délire !
Tu veux rire ?

FOLIQUET.

Va t'en,
Satan !

RÉGINA.

Mon sourire
Doit te dire :
Je suis à toi ;
Oui, c'est bien moi.

FOLIQUET.

Va t'en,
Satan !

RÉGINA.

Ce baiser doux et tendre,
Que, ce matin, je refusais,
Viens, viens, tu peux le prendre ;
Viens, viens, je le permets.

FOLIQUET, *presque entraîné*.

L'esprit infernal me possède,
Au démon, malgré moi, je cède...

RÉGINA, *d'un ton câlin*.

Pourrais-tu refuser
Un si joli baiser ?..

FOLIQUET, *faisant un mouvement comme pour l'embrasser, se retire brusquement.*

Non, je suis insensible,
Je ne t'écoute pas,
Et tous tes appas
Ne me tentent pas !

RÉGINA, *le poursuivant.*

Tu m'écouteras !..

FOLIQUET.

Je ne t'aime pas.

RÉGINA.

Tu m'adoreras!

FOLIQUET.

Je ne te connais pas,
Va-t'en, va-t'en;
Je ne veux pas du baiser de Satan!

RÉGINA.

Je suis Satan?..
Eh bien! voici le baiser de Satan!
V'lan!

(*Régina donne un soufflet à Foliquet et disparaît rapidement, par la droite. — Foliquet, dans la plus grande frayeur, tombe sur une chaise, pousse un cri et appelle au secours.*)

SCÈNE IV.

FOLIQUET, SERGIS, ZISKA.

FOLIQUET.

Grâce, grâce, madame le fantôme... au secours!...

SERGIS.

Qu'as-tu donc?

FOLIQUET, *criant toujours.*

Au secours!... n'approchez pas!...

ZISKA.

Mais c'est nous!...

FOLIQUET.

Qui, vous?

SERGIS.

Ton capitaine...

FOLIQUET.

Ah! si vous aviez vu ce que j'ai vu... Régina, ou plutôt le diable... des yeux flamboyants... des cornes longues comme ça... et une bouche... qui lui faisait au moins deux fois le tour de la tête...

SERGIS, *à Ziska.*

Est-il poltron!...

FOLIQUET.

Il a voulu m'embrasser, le monstre!... j'ai résisté... V'lan!... elle m'a flanqué ce qu'il appelle un baiser...

ZISKA.

Ça n'est pas si effrayant!...

FOLIQUET.

Un baiser à poing fermé!..

SERGIS.

La peur te tourne la cervelle... Tu aurais bien mieux fait de mettre ton couvert et de faire le feu...

FOLIQUET.

Sans lumière !...

SERGIS.

C'est vrai... Eh bien ! allume ces flambeaux. *Foliquet, après avoir allumé les bougies, fait le feu et apprête le souper.*)

SERGIS, *pendant ce mouvement, à part.*

Tuons le temps jusqu'au point du jour... je trouverai bien le moyen d'éloigner Ziska et de lire la dépêche.

ZISKA, *à part.*

Quelle sera la réponse du général français?... Cet officier en serait-il porteur?... Si c'est lui, quelle qu'elle soit, tâchons de savoir...

SERGIS, *regardant le portrait du fond qui se trouve éclairé par les bougies que Foliquet vient d'allumer.*

Quel immense portrait !... Une femme en costume du seizième siècle !...

ZISKA.

Vous êtes face à face avec la fatale suzeraine de ce manoir .. Voyez au bas de ce tableau : *Hélène, 13 septembre* 1507.

FOLIQUET, *avec effroi.*

Un treize !...

SERGIS.

Oui, trois cents ans, aujourd'hui même... La voilà donc cette belle Hélène!... Quand je dis belle... Je comprends maintenant pourquoi la noble dame prend le visage d'une autre, afin de mieux séduire son monde... Il n'y a qu'une femme pour avoir de ces idées-là... C'est égal, je ne suis pas fâché de l'avoir vue.

ZISKA.

A vous entendre, seigneur officier, on dirait vraiment que vous n'êtes venu ici que par curiosité.

SERGIS, *à part.*

Que dit-il?... (*Haut.*) Et quel autre motif supposez-vous donc ?...

ZISKA.

Oh! je ne sais... il y en a tant !... La témérité naturelle au caractère français... l'obéissance passive qui régit vos armées... un ordre... une mission...

SERGIS, *à part.*

...Soupçonnerait-il ?...

ZISKA, *appuyant.*

Quelqu'un que vous cherchez... Que vous voulez voir?...

SERGIS, *à part.*

Soyons sur nos gardes. (*Haut.*) Eh bien, oui, maître Ziska, je suis venu exprès cette nuit pour y trouver une personne...

ZISKA, *vivement.*

Et cette personne... c'est?....

SERGIS.

C'est... ma belle mystérieuse... et si ce que vous dites est vrai, je la verrai cette nuit, car je vais faire tout ce qu'il faut pour cela...

ZISKA.

Allons donc, seigneur capitaine, je ne puis croire...

SERGIS.

Eh bien! vous allez en juger. Foliquet, trois couverts.

FOLIQUET.

Mais vous n'êtes que deux.

SERGIS.

Deux couverts pour nous et un troisième pour la châtelaine... (*S'inclinant devant le portrait.*) Si elle veut me faire l'honneur d'accepter mon modeste souper.

FOLIQUET.

Pristi !...

SERGIS.

Oh! j'irai jusqu'au bout...

ZISKA.

C'est ce que nous verrons.

SERGIS.

Ah! vous me défiez... à table!... (*A part.*) Il faut qu'il croie que je suis venu pour le fantôme.

ZISKA.

Puisque vous le voulez, à table... (*A part.*) Ce n'est pas lui, sans doute; mais puisqu'il persiste, allons...

SERGIS, *allant s'asseoir à la table avec Ziska.*

Et de la gaieté, mordieu! Les amants d'Hélène étaient joyeux, soyons joyeux... ils s'enivraient, buvons... ils chantaient, chantons... Allons, poète, une improvisation en l'honneur d'Hélène, la châtelaine... commencez, nous ferons chorus.

ZISKA.

Volontiers.

FOLIQUET,

Je chanterai faux, c'est sûr.

CHANSON.

PREMIER COUPLET.

ZISKA.

Belle épousée,
J'aime tes pleurs;
C'est la rosée
Qui sied aux fleurs.
Belle à l'aurore
Quand vient le jour,

Plus belle encore
Quand vient l'amour.

Ou brune ou blonde
Pourquoi choisir?
Le Dieu du monde
C'est le plaisir.

ENSEMBLE.

ZISKA, SERGIS, FOLIQUET.

Le Dieu du monde,
C'est le plaisir.

DEUXIÈME COUPLET.

ZISKA.

C'est un doux rêve
Que l'on poursuit.
Qu'il ne s'achève
Qu'avec la nuit!
Les belles choses,
N'ont qu'un printemps ;
Semons de roses
Les pas du temps.

Ou brune ou blonde
Pourquoi choisir?
Le Dieu du monde
C'est le plaisir.

ENSEMBLE.

Le Dieu du monde
C'est le plaisir.

SERGIS.

Eh bien! vous le voyez, nous chantons ces blasphèmes,
Et le bruit qu'on entend ici
N'est autre que celui que nous faisons nous-mêmes.

ZISKA.

Il n'est pas l'heure encore.

SERGIS.

Ah! s'il en est ainsi,
Il faut évoquer le fantôme;
Il faut que du sombre royaume,
Cette beauté s'échappe et dise : Me voici !

(On entend un coup de feu au dehors.)

SERGIS.

Un coup de feu!...

FOLIQUET, *avec résolution.*

Un coup de feu; à la bonne heure, ça me va,

SERGIS, *portant la main à sa dépêche.*

Une surprise peut-être.

FOLIQUET, *prenant un pistolet.*

Une surprise... présent. Ne bougez pas, capitaine, je me retrouve... à mon tour. (*Il sort vivement par le fond à gauche.*)

SERGIS.

Que veut dire cela, maître Ziska?

ZISKA.

Vous me le demandez... mais rappelez-vous la tradition, il est de ces choses fatales qu'on ne saurait expliquer, mais qui arrivent... ce coup de feu vient de frapper celle que vous aimez.

SERGIS.

Béatrix... Béatrix morte!... Oh! non, c'est impossible... ce diable d'homme avec son sang froid et ses ballades.

ZISKA.

Ah! voilà que vous n'osez pas aller plus loin maintenant...

SERGIS.

Moi! écoutez! (*Prenant le verre et se tournant vers le portrait.*)

Je bois à toi, fatale châtelaine,
A tes amours tranchés par le destin;
Je bois à toi! que le spectre d'Hélène,
Comme autrefois paraisse à ce festin.
Si ta beauté ressemble à ce qu'on aime,
Si ton amour fait perdre la raison,
Viens, dans ma coupe, à ce moment suprême
Verser l'oubli, le philtre ou le poison.

SCÈNE V.

ZISKA, SERGIS, BÉATRIX. (*On entend sonner minuit. Les lumières du fond s'éteignent au souffle du vent; de l'escalier à droite, on voit descendre et s'avancer une femme couverte de vêtements blancs et d'un voile à longs plis, une aiguière d'or à la main.*)

ZISKA.

C'est Hélène
La châtelaine,
Voyez!
Fuyez!

SERGIS.

Non, non! (*Ziska disparaît par le fond à gauche.*)

3

SCÈNE VI.

SERGIS, BÉATRIX. (*Sergis, resté seul, s'avance vers le fantôme qui s'arrête sur l'estrade. En voyant une femme, il reprend sa coupe et la présente hardiment à Béatrix qui lui verse. Après avoir bu d'un seul trait, il jette la coupe et fait signe à Béatrix d'avancer.*)

BÉATRIX,

Je viens à ton appel, ô toi qui m'as aimée !
Ta voix est descendue au séjour douloureux,
Où l'espérance, hélas! sous la tombe enfermée,
Est le seul bien des malheureux.

SERGIS.

Qui donc es-tu?

BÉATRIX, *levant son voile.*
Regarde.

SERGIS, *stupéfait.*
Eh quoi !

Béatrix !

BÉATRIX.

Du sort tu méconnus la loi ;
Il fallait fuir la fatale demeure.
Où l'on perd ce qu'on aime en voulant braver Dieu !
Ton premier pas ici marqua ma dernière heure,
Et c'est mon ombre, hélas! qui vient te dire adieu.

SERGIS.

C'est bien toi,
Je te voi.
Eh que m'importe
Ce mystère plein de terreur.
Tu m'appartiens vivante ou morte...
Et ta présence est le bonheur.

BÉATRIX.

Va, ne crains rien, je t'aime,
Je t'aime pour toujours,
Et la mort elle-même
N'éteint pas les amours !
Qu'à ma voix consolante
Ici ton âme ait foi.
Invisible ou présente,
Je veillerai sur toi.

SERGIS.

Ah ! reste encore,
Toi que j'implore.
Tu sais charmer et mon cœur et mes yeux,

Rêve ou mensonge,
Fille d'un songe,
Tu m'apparais comme un ange des cieux.

BÉATRIX.

A tes vœux, las, si je fus ravie,
Que de Dieu la main soit bénie ;
Si je puis encor, sur la vie,
Appeler la bonté du ciel.

SERGIS.

Par la mort si tu m'es ravie,
Qu'à l'instant Dieu m'ôte la vie ;
Que mon âme à ton âme unie,
S'envole au séjour éternel.

BÉATRIX.

Là sont des jours d'éternelle jeunesse.

SERGIS.

Pour les amants
Un éternel printemps.

BÉATRIX.

Là des plaisirs qui renaissent sans cesse.

SERGIS.

Là, des amours
Qui vont durer toujours.

ENSEMBLE.

Ranimant sa flamme immortelle.
L'âme pure à l'amour fidèle
Du tombeau s'élance plus belle
Et s'en va rayonner au ciel.

SERGIS.

Mais non, tu vis encor, le feu de la jeunesse
Dans la nuit du tombeau ne s'éteint pas ainsi.
Je veux... mais je ne sais qui me trouble et m'oppresse...
Ah ! tout me trompe ici...

CHOEUR DES MONTÉNÉGRINS, *derrière le théâtre.*

Au sein des ténèbres
Dans ces lieux funèbres,
Conjurons le sort,
Et dans le silence
Sûrs de la vengeance
Préparons la mort.

SERGIS.

Mais ces chants viennent-ils de la nuit infernale?
Ou bien dans cette coupe, infâme trahison !
N'aurais-je pas puisé cette ivresse fatale
Qui triomphe de ma raison...

BÉATRIX.

Mon amour t'accompagne et saura te défendre.
Du bonheur qui t'attend le jour n'est pas venu.

SERGIS.

Je me livre à l'amour, car sa voix est si tendre.
Je cède à la douceur de ce charme inconnu.

(*Pendant ce dernier morceau, Sergis, attiré par la voix de Béatrix et comme sous le poids d'une hallucination, arrive en chancelant jusqu'auprès du canapé sur lequel il se laisse tomber et s'endort.*)

CHŒUR DES MONTÉNÉGRINS, *derrière le théâtre, mais plus rapproché.*

Au sein des ténèbres.
Dans ces lieux funèbres
Conjurons le sort,
Et dans le silence,
Sûrs de la vengeange,
Préparons la mort.

SERGIS, *qui a lutté contre le sommeil, prend la dépêche et la décachète.*

En cas de surprise... la dépêche... lisez et brûlez...

BÉATRIX.

Que fait-il?... cette lettre...

SERGIS.

Je ne puis lire... je ne puis voir... Oh! mon Dieu! (*Il retombe et laisse échapper la dépêche.*)

BÉATRIX, *la ramassant.*

Cette lettre... lisons. (*Elle lit.*) « Dans la salle d'armes du château de la Maladetta... » (*Elle achève de lire à voix basse.*)

SERGIS, *avec désespoir, luttant encore et se relevant à demi.*

Oh! de la force... de la force... cette dépêche, si on la connaît; je suis perdu.., c'est mon honneur, c'est ma vie... Si vous m'aimez ... si vous m'aim... (*Il retombe et s'endort.*)

BÉATRIX.

Son honneur... sa vie!... Ah! (*Elle brûle la dépêche.*) Moi seule je saurai.

SCÈNE VII.

ZISKA, SERGIS, *endormi,* BÉATRIX.

ZISKA, *accourant.*

Béatrix... Béatrix...

BÉATRIX, *montrant Sergis endormi.*

Regarde... j'ai rempli ma promesse; il n'a rien vu, il ne peut rien voir... il est sauvé!

ZISKA.

Il est perdu!...

BÉATRIX.

Perdu!

ZISKA.

Nous nous sommes trompés, ce Français ne venait pas pour épier les Monténégrins, mais pour remplir une mission.

BÉATRIX.

Et... on la connaît?

ZISKA.

Non; mais, convaincus qu'elle doit leur être funeste, les chefs Monténégrins exigent sa mort.

BÉATRIX.

Grand Dieu!

MONTÉNÉGRINS, *en dehors.*

La mort! la mort! la mort!

ANDRÉAS.

Entends-tu ces cris furieux?...

SCÈNE VIII.

SERGIS *endormi*, ANDRÉAS, ZISKA, BÉATRIX, REGINA, CHEFS MONTÉNÉGRINS. FEMMES. *Les femmes accourent les premières, guidées par Régina et entourent Sergis et Béatrix.*

CHŒUR DES HOMMES.

Il faut qu'il meure
En vain l'on pleure
Point de pitié pour l'étranger,
C'est trop attendre
Pour nous défendre
Pour nous venger.

BÉATRIX

Ah! plutôt perdre la vie,
Votre sœur vous supplie;
Écoutez mes accents,
Prenez plutôt ma vie.
Pitié! soyez cléments.

ANDRÉAS ET LES MONTÉNÉGRINS.

La mort! la mort à nos tyrans!

ZISKA.

Ah! je rougis à votre vue,
Dans mon âme abattue,
Mon vieil honneur s'est alarmé.
Honte au soldat qui tue
Un soldat désarmé.
Frappez, lâches, frappez un soldat désarmé.

ANDRÉAS ET LES MONTÉNÉGRINS.

Méprisons ces accents,
C'est en vain qu'on supplie,
Pour venger la patrie
La mort, la mort à nos tyrans !

BÉATRIX, ZISKA, RÉGINA, LES FEMMES.

Écoutez ces accents,
Notre voix vous supplie ;
Au nom de la patrie,
Pitié,, pitié, soyez cléments.

(*Les Monténégrins, le poignard à la main, veulent s'élancer sur
Sergis endormi. Béatrix et les femmes se jettent à genoux,,
Ziska retient Andréas. Tableau.*)

ACTE III.

Le théâtre représente la plate-forme du château, fermée au fond par des
créneaux ; à gauche, des bâtiments; à droite, des tours à moitié rui-
nées, plus loin, des rochers. On monte à la plate-forme par la droite,
En vue le golfe de Cattaro.

SCÈNE I.

RÉGINA, MONTÉNÉGRINS, HOMMES ET FEMMES.
(*Au lever du rideau le jour paraît.*)

CHOEUR.

Voici venir l'aurore,
Et le ciel se colore,
De ses feux.
Amoureux.

RÉGINA.

Chantons ce matin vermeil,
Chantons, fraîches comme elles,
Les fleurs nouvelles.
Chantons le jour à son réveil,
Dans nos chœurs fêtons sans cesse,
Et l'amour et la jeunesse.
Aux accords de la guzla,
Chantons, ô! mes compagnes !

La Romaïka,
C'est le chant de nos montagnes.
La, la, la, la, la, la, la.
Pour chasser le chagrin,
Faut-il joyeux refrain ;
Ce refrain, le voilà :
C'est la Romaïka.

CHŒUR.

Ce refrain, le voilà :
C'est la Romaïka.
La, la, la, la, la, la.

RÉGINA.

PREMIER COUPLET.

Pays enchanté,
C'est la beauté
Qui doit te soumettre à ses chaînes.
Reines, sur ces monts,
Nous triomphons,
L'infidèle est maître des plaines.
Chez nous,
Son amour jaloux
Trouverait des inhumaines ;
Mais pour nous conquérir,
Que faut-il nous offrir ?
Une fleur, un mot tendre, un soupir...
Pays enchanté, etc., etc.

CHŒUR AVEC DANSES.

Aux accords de la guzla
Chantons la Romaïka.

RÉGINA.

DEUXIÈME COUPLET.

O soleil brillant,
De l'Orient,
Tu fais supporter l'esclavage.
Et tes feux vainqueurs
Domptent les cœurs ;
Mais l'amour peut bien davantage,
Car ses accents
Sont tout-puissants
Pour enflammer le courage...
A qui veut tout oser
Pourrait-on refuser,
Un regard, un soupir, un baiser.
O soleil brillant,
De l'Orient, etc.

CHOEUR AVEC DANSES.
Aux accords de la guzla
Chantons la Romaïka, etc., etc.

SCÈNE II.

ZISKA, LES PRÉCÉDENTS.

ZISKA.

Taisez-vous, taisez-vous,
Plus de chants, plus de fête.
Lorsqu'à mourir un malheureux s'apprête
Vous chantez... taisez-vous !
A genoux,
Priez tous!

CHOEUR.

Reine des cieux, que nos louanges
Vers toi s'élèvent aujourd'hui :
Pour le protéger que tes anges
Étendent leurs ailes sur lui.
Sainte Vierge Marie
Daigne sauver ses jours.
Quand c'est le cœur qui prie
Tu nous entends toujours !

ZISKA, *après le chant.*

Allez, allez, mes amis, croyez toujours aux conseils et aux refrains de votre barde.
(*Régina et les Monténégrins s'éloignent en silence.*)

SCÈNE III.

ZISKA, DEUX MONTÉNÉGRINS.

ZISCA, *au premier Monténégrin qui paraît.*
Quelles nouvelles? nos amis sont-ils réunis?

PREMIER MONTÉNÉGRIN.
Oui... mais l'impatience les gagne... Ils trouvent que le moment d'agir est venu.

ZISKA, *au deuxième Monténégrin.*
Et du côté des Français?...

DEUXIÈME MONTÉNÉGRIN.
J'ai pénétré jusqu'à leurs premières lignes. Avant l'aurore, ils étaient sous les armes et tout prêts à marcher. Eux aussi semblent attendre avec impatience un ordre, un signal, pour se porter en avant.

ZISKA.
Et Bréatrix?...

DEUXIÈME MONTÉNÉGRIN.

Elle parcourt les lignes avec Régina et parle aux sentinelles.

ZISKA.

Dieu soit loué!.. rien n'est encore désespéré... Retournez auprès des nôtres, dites-leur que Ziska veille... Portez-leur cet écrit; là, leur conduite est tracée; là est le refrain du barde qui doit leur annoncer l'instant de la délivrance. Allez, (*Ils sortent.*) Et maintenant il faut que le capitaine Sergis... (*Le voyant entrer.*) Le voici!...

SCÈNE IV.

SERGIS, ZISKA.

SERGIS, *à lui-même sans voir Ziska.*

Quel effroyable rêve!... je puis à peine rassembler mes idées... un voile épais semble obscurcir ma pensée... je cherche en vain à me souvenir, à me rendre compte à moi-même...

ZISKA, *s'avançant.*

Seigneur capitaine...

SERGIS.

Vous!... vous!... près de moi, maître Ziska!...

ZISKA.

Seigneur capitaine, les moments sont précieux... dans une heure vous allez mourir... Avant une heure il faut que je vous sauve, vous, la gloire de vos armes et l'indépendance de mon pays.

SERGIS.

Que voulez-vous dire?... Est-ce un piége nouveau, maître Ziska, et le prisonnier d'Andréas peut il vous croire encore son ami?...

ZISKA.

Votre ami!... mais que suis-je donc, moi qui, depuis deux jours, m'attache à vos pas... moi qui vous ai guidé hier au château de la Maladetta, à travers les dangers qui menaçaient vos jours... moi qui, cette nuit, ait conjuré les poignards levés sur votre tête!... Ah! si vous avez cru qu'une vague sympathie de poète m'entraînait seule vers vous, seigneur officier, vous vous êtes trompé... Ecoutez... Préparé par moi, par mes amis, un mouvement en faveur de la France est sur le point d'éclater. Un signal donné par le général français doit nous avertir qu'il est prêt à nous seconder. Ce signal, capitaine, c'est le but de votre mission, que vous avez en vain voulu me cacher.

SERGIS.

Mais...

ZISKA.

Encore une fois, nos moments sont comptés... ne craignez rien de moi... Ah! je le jure sur ma guzla, qui chante les nobles

4

actions et qui n'a jamais trahi personne... je le jure, la main que je vous tends est la main d'un ami...

SERGIS, *lui serrant la main.*

Je vous crois.

ZISKA.

Eh bien! ce signal auquel doivent obéir vos frères et les miens, ce signal, indiquez-le-moi!

SERGIS.

Ce signal, mais je ne le connais pas!

ZISKA.

Que dites-vous?...

SERGIS.

Une dépêche que je ne devais lire qu'au point du jour; et qui contenait un ordre, sans doute...

ZISKA.

Eh bien?...

SERGIS.

Quand on m'a transporté ici, quand je me suis réveillé, quand j'ai cherché cette dépêche... je ne l'avais plus... on me l'avait enlevée!...

ZISKA.

Grand Dieu!... Ah! c'est Andréas, Andréas seul qui peut l'avoir prise... Il sait tout maintenant... Ah! courons, s'il en est temps encore... La ruse, la force, la violence, j'emploierai tout, s'il le faut, pour connaître cette dépêche... car de cette dépêche dépend votre vie et le salut de mon pays.

(*Il sort vivement par le fond, à droite.*)

SCÈNE V.

SERGIS *seul,* puis FOLIQUET.

SERGIS.

La vie! a-t-il dit... et que veut-il que j'en fasse!... Soldat, je n'ai pu accomplir la mission qu'on avait confiée à mon courage... Je me suis laissé entraîner dans les pièges d'une femme qui se fait un jeu de la trahison... Ah! l'heure qu'ils m'ont laissée est bien lente au gré de mes désirs...

FOLIQUET, *entrant vivement par le fond, à gauche.*

C'est une indignité, une injustice!... ça crie vengeance!

SERGIS.

Eh bien! qu'as-tu donc?

FOLIQUET.

Ce que j'ai!... ces gredins-là qui ne veulent pas me fusiller avec vous!...

SERGIS.

Tu veux mourir avec moi!...

FOLIQUET.

Dam ! l'étape est bonne ; et quand on est deux, le chemin paraît moins long.

SERGIS.

Brave garçon !... Mais tu n'y penses pas !... et ton vieux père !...

FOLIQUET.

Oh ! oui... mon père... le bon vieux, il pleurera... c'est sûr... mais il dira : T'as ben fait, mon fils !...

SERGIS.

Non, non... il a besoin de toi... Pas un mot de plus... Dis-moi, que reste-t-il dans ta ceinture ?

FOLIQUET.

Trois mille francs en beaux napoléons tout neufs !

SERGIS.

Tu les porteras de ma part à ton père.

FOLIQUET.

Oh ! merci, mon capitaine... Pauvre père !...

SERGIS.

A la bonne heure. Tu sens combien tu l'aimes maintenant, et tu ne voudras pas le quitter, n'est-ce pas ?

FOLIQUET.

Au contraire !... à présent il est riche ; il n'a plus besoin de moi. Oh ! vous pouvez partir, je trouverai bien le moyen de vous rejoindre.

SERGIS.

Comment tu voudrais ?...

FOLIQUET.

Me tuer, moi !... oh ! non ; se tuer, c'est mal et là haut je veux être dans la même garnison que vous... Mais quand ils viendront, je serai là... plus prompt que leur poudre, s'ils ont vingt balles pour mon brave capitaine, il y en aura bien une pour son pauvre brosseur, qui l'aime tant !

SERGIS.

Assez... assez... tu ne m'as jamais désobéi...

FOLIQUET.

Oh ! jamais !...

SERGIS.

Eh bien ! tu vivras... je te l'ordonne...

FOLIQUET.

Mais...

SERGIS.

Je t'en prie...

FOLIQUET.

Oui, capitaine.

SERGIS.

Tu as un dernier service à me rendre... Ecoute... Je laisse après moi une seule femme que j'aime et qui m'aime saintement celle-là... c'est ma mère.

4

FOLIQUET, *ému.*

Oui, capitaine.

SERGIS.

Je vais lui écrire, tu lui porteras ma lettre.

FOLIQUET, *de même.*

Oui, capitaine.

SERGIS.

Tu me remplaceras près d'elle : tu la consoleras, tu recueilleras ses larmes... tu lui diras que je n'ai là qu'un seul regret, qu'une seule douleur... c'est de ne pouvoir l'embrasser avant de mourir...

FOLIQUET, *pleurant.*

Capitaine !...

SERGIS.

Pour que je meure tranquille, il faut que j'aie cette certitude... tu me le promets ?...

FOLIQUET, *pleurant.*

Oui, capitaine.

SERGIS.

Merci... merci, mon ami. (*Il rentre dans sa prison.*)

SCÈNE VI.

FOLIQUET, *puis* BÉATRIX, RÉGINA.

FOLIQUET.

Son ami !... il m'appelle son ami ! Dire qu'ils vont le fusiller !... mais c'est impossible !... on n'en fait plus comme ça des capitaines !... (*Voyant Régina et Béatrix entrer par le fond à gauche.*) Régina ! Béatrix !...

BÉATRIX, *à Foliquet.*

Silence !...

FOLIQUET.

Comment ?...

RÉGINA.

Silence !... Nous avons eu tant de peine à pénétrer jusqu'ici... si l'on nous apercevait...

FOLIQUET.

Ah ! je n'entends pas tout ça ; je veux sauver mon capitaine.

BÉATRIX.

Et nous aussi.

FOLIQUET.

Ah ! bravo ! je vous écoute.

BÉATRIX.

Trois sentinelles sont déjà gagnées de ce côté.

FOLIQUET.

Bon !...

BÉATRIX.

Il reste les deux dernières, Régina va leur parler.

FOLIQUET.

Bon !...

BÉATRIX.

Tiens. Régina, prends cette croix, ces bracelets, ces sequins... tout... donne-leur tout...

RÉGINA.

Oui, oui, soyez tranquille.

BÉATRIX.

D'ici je pourrai tout voir... Quand tu auras réussi, agite ton écharpe. Va, va, car l'heure s'écoule, et bientôt il ne serait plus temps...

FOLIQUET. *à Régina.*

Un moment... je vais avec toi.

RÉGINA.

Vous!... mais si on vous voit?...

FOLIQUET.

Je me dissimulerai.

RÉGINA.

Mais si on vous tue?...

FOLIQUET.

Mourir pour mon capitaine!... j'ai été créé et mis au monde pour ça.

BÉATRIX.

Oui, oui!... Allez, allez!...

FOLIQUET.

Béatrix, vous avez mon estime. (*Il sort avec Régina par le fond, à droite.*)

SCÈNE VII.

BÉATRIX, *seule.*

Mon Dieu ! pourvu qu'ils puissent réussir!... Andréas a donné des ordres si sévères... Oh ! je n'ose regarder encore... je tremble, je crains... oh ! voyons... (*Elle regarde.*) Oui, Régina est auprès du Monténégrin... elle lui parle... elle le prie... Grand Dieu ! elle s'éloigne... il refuse donc !... Oh ! non... non... Son écharpe... elle agite son écharpe... Oh ! merci, mon Dieu... il est sauvé... il peut partir... Le voici !...

SCÈNE VIII.

BÉATRIX, SERGIS, *entrant sans voir Béatrix.*

BÉATRIX, *s'approchant.*

Sergis!...

SERGIS.

Béatrix !...

DUO.

SERGIS.

Laisse-moi, toi qui m'as trahi,
A jamais mon cœur te repousse;
Ton faux amour, ta voix si douce,
Ont su me vendre à l'ennemi.

BÉATRIX.

O mon Dieu! que dit-il, et quelle erreur le guide!

SERGIS.

Belle et perfide,
Cet air timide,
Ce front charmant,
Cette innocence,
Vaine apparence,
Tout cela ment.

BÉATRIX.

Outrager qui vous aime!
C'est un crime, un blasphème!
De ce fatal danger qui donc t'a préservé?
Il fallait te tromper pour conserver ta vie.
Je t'ai trompé, car leur furie
T'eût frappé sous mes yeux, et moi je t'ai sauvé.
Mais j'ai fait plus encor; viens, la garde est séduite,
Tout est préparé pour ta fuite.
Hâtons-nous, s'ils allaient venir.

SERGIS.

S'il est vrai, je te remercie;
Mais il eût mieux valu ne pas sauver ma vie.
Moi, vivre encor! j'ai trahi mon mandat,
Comprends-tu ce que c'est que l'honneur d'un soldat?
Oh! que dire à mes frères?
Affronter leurs colères,
Affronter leurs mépris.
Quoi! j'aurais de la France
Trahi la confiance
Et trompé mon pays!

ENSEMBLE.

Ah! que dire à { mes / ses } frères,
Affronter leurs colères,
Affronter leurs mépris, etc.

BÉATRIX.

Comprends-tu ce que c'est que l'amour d'une femme,
Tu sauras tout... qu'ils m'appellent infâme,
Qu'ils viennent me jeter la honte et le mépris.
Tu sauras tout; à moi tout leur mépris.

SERGIS.

Non, non, je ne veux pas de l'honneur à ce prix.
Ah ! que diront tes frères.

BÉATRIX.

Que m'importent mes frères.

SERGIS.

Affronter leurs colères !

BÉATRIX.

Je brave leurs colères.
Pour sauver ton honneur, je trahis
Mon pays.

ENSEMBLE.

La même flamme
Brûle notre âme.
D'un pacte infâme
Je m' {
Tu t' { affranchis,
Nos cœurs qu'inspire
Même délire,
Par le martyre
Seront unis.

(*L'orchestre continue en sourdine.*)

SERGIS, *à Béatrix.*

Et maintenant parle... parle... Cette dépêche... tu la connais...
que disait-elle ?...

BÉATRIX, *rappelant ses souvenirs.*

« Dans la salle d'armes du château de la Maladetta est l'éten-
« dard vénéré des Monténégrins... aux premiers feux du jour,
« vous l'arborerez sur la tour de la Trinita. »

SERGIS, *vivement.*

Cet étendard... oui... je l'ai vu cette nuit.... courons.

SCÈNE IX.

SERGIS, BÉATRIX, ZISKA.

ZISKA.

Il n'est plus temps... ce signal, tu devais le donner au lever
de l'aurore... Les Français l'ont vainement attendu... ils s'éloignent maintenant... Andréas triomphe, et tous les trois nous
n'avons plus qu'à mourir...

TRIO.

SERGIS.

Destin dont la rigueur m'accable,

Que ta haine implacable
Ne poursuive que moi.

SERGIS, BÉATRIX, ZISKA.

Destin dont la rigueur m'accable,
Que ta haine implacable
Ne poursuive que moi.
Pour eux seul je supplie,
Pour leurs jours prends ma vie,
Et je bénis ta loi.

SERGIS à *Ziska*.

Tu fis serment de veiller sur sa vie.

ZISKA.

Jusqu'au trépas je saurai le tenir.

SERGIS.

Eh bien! obéis donc au serment qui te lie;
Fuyez tous deux... à moi seul de mourir!

BÉATRIX.

Devant le ciel je suis ta femme,
Tu souffres, je dois souffrir.
Ton âme c'est mon âme,
Tu meurs, je dois mourir.

SERGIS.

A ce moment suprême,
Auprès de ceux qu'on aime,
C'est Dieu, c'est Dieu lui-même
Qui montre le chemin.

BÉATRIX.

A ce moment, etc.

ZISKA.

O mort digne d'envie!
Notre tâche est finie,
Et nous quittons la vie
En nous donnant la main.

ENSEMBLE.

A ce moment suprême,
Auprès de ce qu'on aime,
C'est Dieu, c'est Dieu lui-même,
Qui montre le chemin.
O mort digne d'envie!
Notre tâche est finie,
Et nous quittons la vie
En nous donnant la main.

SCÈNE X.

SERGIS, ZISKA, BÉATRIX, RÉGINA, FOLIQUET.

FOLIQUET, *entrant vivement, couvert de poussière et le bras gauche en écharpe.*

Vous parlez de mourir !... et le régiment qui vient nous délivrer au pas de charge !...

TOUS.

Foliquet !...

SERGIS.

Que dis-tu !... L'armée française n'est donc pas partie ?

FOLIQUET.

L'armée française !... j'en viens... (*Montrant son bras.*) Voyez plutôt la feuille de route que m'ont signée les Monténégrins...

TOUS.

Blessé !...

FOLIQUET.

Ne faites pas attention.

ZISKA.

Mais comment se fait-il ?...

FOLIQUET, *à Sergis.*

Voilà... Quand j'ai vu que vous refusiez de partir, je me suis dit : Il n'y a qu'un moyen de sauver mon capitaine... c'est d'aller prévenir les camarades... Le mulet était là tout préparé pour vous ; j'enfourche l'entêté... A la première ligne, pan !... rien. . A la seconde ligne, pan !... rien encore. Nous allions ventre à terre... Qui vive ?... Ami. C'étaient nos avant-postes qui se préparaient à filer... Alerte ! périssent plutôt l'univers et tout le tremblement que mon capitaine... et les coups de fusil d'alarme retentissaient jusques au camp... Je renfourche l'entêté... il ne galoppait plus, il volait... Mon âme lui avait passé dans les jambes... A la première ligne, même jeu, pan !... rien... A la seconde, pan !... touché... Voilà, il en a l'habitude : c'est la troisième fois que ça lui arrive...

SERGIS.

Brave garçon !...

FOLIQUET, *avec émotion.*

Dans un instant les Français seront ici... Oh ! vous vivrez, mon capitaine ; sans ça, le bon Dieu, qui sait que je vous aime tant, ne m'aurait pas laissé revenir...

ZISKA, *avec joie.*

(*A Sergis.*) Oui, vous vivrez... Les Français arrivent, à moi, ma guzla... le refrain du barde va porter, d'échos en échos jusqu'à nos amis, ce chant de délivrance qui leur dit d'accourir... (*Remontant le théâtre et prenant sa gulza, il chante en s'accompagnant.*)

5

Monténégro, Dieu te protége!

CHOEUR *loinlain, à droite.*

Monténégro, Dieu te protége!

CHOEUR *loinlain, à gauche.*

Monténégro, etc.

(*Après ce chant on entend gronder le canon.*)

FOLIQUET, *transporté.*

Entendez-vous le camarade?

ZISKA, *à Sergis.*

Il annonce votre délivrance...

SERGIS, *tendant les bras à Béatrix.*

Et mon bonheur.

(*A ce moment, de tous côtés, on voit arriver des Monténégrins. L'un d'eux porte leur étendard. Des soldats, des officiers français entrent vivement, et vont à Sergis et l'entourent; d'autres escaladent les créneaux. Les femmes portent des palmes, qu'elles agitent devant les Français. Sergis saisit le drapeau français, Ziska celui du Monténégro.*)

ZISKA.

Monténégro, Dieu te protége!
Et tu seras libre à jamais
   Comme la neige
   De tes sommets.

CHOEUR.

Monténégro, Dieu te protége!
Et tu seras libre à jamais
   Comme la neige
   De tes sommets.

(*Pendant ce dernier chœur, Sergis et Ziska ont uni les drapeaux de la France et du Monténégro. Sergis tend la main à Béatrix. Régina s'empare du bras de Foliquet. Les Français et les Monténégrins se tiennent embrassés, tandis que le canon ne cesse de gronder au lointain. Tableau.*)

FIN.

Paris. — Typ. LACRAMPE fils et Comp., rue Damiette, 2.

CATALOGUE

DE

MICHEL LÉVY F^{RÈRES}

LIBRAIRES-EDITEURS.

Nouvelle Publication.

UNE VISITE

A

MONSIEUR LE DUC DE BORDEAUX,

PAR CHARLES DIDIER.

6ᵉ Édition. — Prix : 1 franc.

PARIS,

RUE VIVIENNE, 1.

AVRIL 1849.

NOUVELLES PUBLICATIONS (Format in-18 anglais).

LAMARTINE.............	Trois mois au pouvoir, 1 vol........	2 f. «
	Du Projet de Constitution..........	» 30
	Du Droit au Travail..............	» 30
	Une seule Chambre.............	» 30
	La Présidence................	» 30
	Lettre aux dix Départements.......	» 30
Louis REYBAUD	Jérôme Paturot à la recherche de la meilleure des Républiques, 4 vol...	8 »
Émile de GIRARDIN	Bon Sens, Bonne Foi, 1 vol........	2 »
	Etudes politiques (édition entièrement revue et corrigée), 1 vol........	2 »
	Journal d'un Journaliste au secret. 1 v.	1 »
	Avant la Constitution............	» 50
LOUIS-PHILIPPE D'ORLÉANS, ex-roi des Français.	Mon Journal. — Événements de 1815. 2 vol.....................	4 »
THIERS................	Du Droit au Travail..............	» 30
	Du Crédit foncier...............	» 30
Louis BLANC	Le Socialisme, Droit au Travail, 1 vol.	1 »
	La Révolution de Février au Luxembourg, 1 vol..................	1 »
VITET.................	Histoire financière du Gouvernement de Juillet...................	» 50
George SAND et V. BORIE.	Travailleurs et Propriétaires, 1 vol...	1 »
DUFAURE..............	Du Droit au Travail..............	» 30
Alexandre DUMAS........	Révélations sur l'arrestation d'Emile Thomas...................	» 50
Léon FAUCHER..........	Du Crédit foncier...............	» 30
Émile THOMAS..........	Histoire des Ateliers nationaux, 1 vol.	2 »
BONNAL...............	La Force et l'Idée, lettres au général Cavaignac.................	1 »
	Abolition du Prolétariat..........	» 50
Gustave CHAUDEY........	De l'Établissement de la République.	» 50
Alexandre WEILL.	Feu et Flamme.................	» 50
Un Paysan Champenois.....	A Timon, sur son projet de Constitution....................	» 50

LE DROIT AU TRAVAIL

AU LUXEMBOURG ET A L'ASSEMBLÉE NATIONALE

Discussion complète sur cette importante question, par MM. DE LAMARTINE, THIERS, LOUIS BLANC, DUFAURE, DUVERGIER DE HAURANNE, DE TOCQUEVILLE, WOLOWSKI, LEDRU-ROLLIN, etc., etc.

AVEC UNE INTRODUCTION PAR ÉMILE DE GIRARDIN,

2 vol. in-18 anglais — Prix : 4 francs.

BIBLIOTHÈQUE LITTÉRAIRE

Format in-18 anglais

A DEUX FRANCS LE VOLUME

Chaque Volume se vend séparément.

ALEXANDRE DUMAS.

LE COMTE DE MONTE-CRISTO	6 vol.
LE CAPITAINE PAUL	1
LE CHEVALIER D'HARMENTAL	2
LES TROIS MOUSQUETAIRES	2
VINGT ANS APRÈS, suite des Trois Mousquetaires	3
LA REINE MARGOT	2
LA DAME DE MONSOREAU	3
JACQUES ORTIS	1
QUINZE JOURS AU SINAÏ	1
LE CHEVALIER DE MAISON-ROUGE	1
GEORGES	1
FERNANDE	1
PAULINE ET PASCAL BRUNO	1
SOUVENIRS D'ANTONY	1
SYLVANDIRE	1
LE MAÎTRE D'ARMES	1
UNE FILLE DU RÉGENT	1
LA GUERRE DES FEMMES	2
ISABEL DE BAVIÈRE	2
AMAURY	1
SOUVENIRS DRAMATIQUES (*sous presse*)	1
CÉCILE .... (»)	1
ASCANIO .... (»)	2

PAUL FÉVAL.

LE FILS DU DIABLE	4
LES MYSTÈRES DE LONDRES	3
LES AMOURS DE PARIS (*sous presse*)	2

MICHEL MASSON.

LES CONTES DE L'ATELIER	2

ALBERT AUBERT.

LES ILLUSIONS DE JEUNESSE DU CÉLÈBRE M. BOUDIN	1

OUVRAGES ILLUSTRÉS

JÉROME PATUROT

A LA RECHERCHE

DE LA MEILLEURE DES REPUBLIQUES

PAR LOUIS REYBAUD

ILLUSTRÉ PAR TONY JOHANNOT

Un beau volume très-grand in-8

Contenant 160 vignettes dans le texte et 30 types. — Prix : 15 fr. —
Publié en 30 livr. à 50 c. — Il en paraît une ou deux par semaine.

LE FAUST DE GOETHE

Traduction revue et complète, précédée d'un Essai sur Goethe, par
M. HENRI BLAZE; édition illustrée de 9 vignettes, dessinées par
M. TONY JOHANNOT, et d'un nouveau portrait de Goethe gravés sur
acier par M. LANGLOIS et tirés sur papier de Chine. —1 volume grand
in-8. — Prix : 12 fran...

THÉATRE COMPLET DE VICTOR HUGO

Un beau volume grand in-8, orné du portrait de Victor Hugo et de six
gravures sur acier, d'après les dessins de MM. RAFFET, L. BOULANGER,
J. DAVID, etc. — Prix : 6 fr. 50 c.

Chaque pièce se vend séparément 60 c.

Hernani. — Marion Delorme. — Le Roi s'amuse. — Lucrèce Borgia. —
Marie Tudor. —Angelo.—Ruy-Blas.—Les Burgraves.—La Esmeralda.

LES JÉSUITES

Depuis leur origine jusqu'à nos jours, Histoire, Types, Mœurs, Mystères,
par M. A. ARNOULD; illustrés de 20 gravures sur acier et de 100 gravures sur bois, d'après les dessins de MM. TONY JOHANNOT, J. DAVID,
E. GIRAUD, JANET-LANGE, E. LORSAY, HADAMARD, FRÈRE et DUPUIS.
2 vol. grand in-8. — Prix : 20 francs.

HISTOIRE

DES GUERRES CIVILES DE FRANCE

PAR MM. LAPONNERAYE ET H. LUCAS.

2 vol. grand in-8, ornés de 10 belles gravures sur acier. — Prix : 12 fr.

OUVRAGES LITTÉRAIRES

	fr.	c.
ÉCRIVAINS ET POÈTES DE L'ALLEMAGNE, par Henri Blaze. — 1 vol. in-18, format anglais...................................	3	50
FABLES, par Anatole de Ségur. — 1 joli vol. in-18 anglais.......	3	»
BLUETTES ET BOUTADES, par J. Petit-Senn (de Genève), avec une préface par Louis Reybaud. — 1 joli vol. in-18, format anglais.	3	50
PORTRAITS LITTÉRAIRES, par Gustave Planche. — 2 vol. in-8º....	7	»
RÊVERIES, par de Senancour. — 1 volume in-8º..............	3	»
ISABELLE, par de Senancour. — 1 volume in-8º..............	3	»
DE L'OPÉRA EN FRANCE, par Castil-Blaze. — 2 volumes in-8º.....	4	»
LA MUSIQUE MISE A LA PORTÉE DE TOUT LE MONDE, troisième édition, par F.-J. Fétis. — 1 vol. in-8...................	6	»
LA TENUE DES LIVRES EN PARTIE SIMPLE ET EN PARTIE DOUBLE, mise à la portée de toutes les intelligences, pour être apprise sans maître, par Louis Deplanque, 4ᵉ édition. — 1 vol. in-8.......	7	50
DES RÉGENCES EN FRANCE, par le prince de la Moskowa. —Gr. in-8º.	2	»
ABLES, par A. V. Arnault, de l'Académie française. — 2 jolis volumes in-18..	1	»
ES STALACTITES, poésies, par Théodore de Banville.— 1 vol. in-8.	4	»
E L'ÉGLISE ET DE L'INSTRUCTION PUBLIQUE EN FRANCE, traduit de l'anglais de Christopher Wordsworth. — 1 vol. in-8........	5	»
OUVEAU MANUEL DE LA CONVERSATION FRANÇAISE ET ANGLAISE, contenant 100 dialogues usuels et familiers, par A. Frueldson. 1 vol. in-18.......................................	1	50
AT DE FRENCH CONVERSATION, by J. L. Mabire. — 1 volume in-18 oblong......................................	1	50

ROMANS (Format in-8).

ALEXANDRE DUMAS.

	fr.
Le Comte de Monte-Cristo (2e édition)...........	12 v. 60
Les Trois Mousquetaires (2e édition)..........	8 v. 40
Vingt ans après (suite des *Trois Mousquetaires*). (2e édition)..........	8 v. 40
La Reine Margot. (2e éd.)	6 v. 30
Le Vicomte de Bragelonne, tomes 1 à 10.........	10 v. 60

LOUIS REYBAUD.

Jérôme Paturot à la recherche de la meilleure des Républiques......	4 v. 20
Édouard Mongeron......	5 v. 25
Le Coq du clocher.......	2 v. 10
César Falempin.........	2 v. 10
Pierre Mouton..........	2 v. 10
Le Dernier des Commis-Voyageurs. (épuisé)...	2 v.
Marie Brontin, ou la Conspiration de Babœuf. (sous presse)..........	2 v. 12

PROSPER MÉRIMÉE.

Carmen.................	1 v. 6

JULES SANDEAU.

Madeleine.............	1 v. 6
Mademoiselle de la Seiglière................	2 v. 12
Un Héritage...........	2 v. 12
La Chasse au Roman (sous presse).............	2 v. 12

JULES JANIN.

	fr.
Le Chemin de traverse.	1 v. 3 f. 50
La Vie littéraire (sous presse).............	2 v. 16

MADAME CHARLES REYBAUD.

Géraldine.............	2 v. 10
Les Deux Marguerite....	2 v. 12
Sans Dot.............	2 v. 12
Le Cadet de Colobrières..	2 v. 12
Félise (sous presse).......	2 v. 12
Clémentine (sous presse)..	2 v. 12

CHARLES DIDIER.

Rome souterraine.......	2 v. 10
Romans du Maroc......	4 v. 10

ARSÈNE HOUSSAYE.

Madame de Favières.....	2 v. 5

ÉDOUARD CORBIÈRE.

Pelaïo	2 v.

Mémoires de mademoiselle Flore, des Variétés, écrits par elle-même. (2e édition)..........	3 v. 1

GEORGES SAND.

La Petite Fadette (sous presse).............	2 v. 1

MÉMOIRES
DE
CAUSSIDIÈRE
EX-PRÉFET DE POLICE ET REPRÉSENTANT DU PEUPLE.
2 beaux volumes in-8. — Prix : 12 francs.

BIBLIOTHÈQUE DRAMATIQUE

Choix des pièces nouvelles jouées sur tous les théâtres de Paris, imprimées dans le format in-18 anglais.

La Bibliothèque Dramatique publie exclusivement toutes les œuvres théâtrales nouvelles de MM. Alexandre Dumas, Bayard, Anicet-Bourgeois, Dumanoir, Lockroy, Mélesville, Frédéric Soulié et Eugène Sue, qui se sont engagés également pour leurs collaborateurs, et les œuvres choisies des meilleurs auteurs dramatiques.

Il paraît trois ou quatre pièces par mois. — Quatre volumes par an. — Prix de chaque volume, 5 francs. — Chaque volume et chaque pièce se vendent séparément. — Le tome XVIII est en vente.

Paris. — Imprimérie Dondey-Dupré, rue Saint-Louis, 46, au Marais.